Ursula Koch

Der Alltagsengel

Kleine Erzählungen

BRUNNEN
Verlag Giessen · Basel

FSC

Mix

Produktgruppe aus vorbildlich bewirtschafteten Wäldern und anderen kontrollierten Herkünften

Zert.-Nr.GFA-COC-001278
www.fsc.org
© 1996 Forest Stewardship Council

www.brunnen-verlag.de
Lektorat: Eva-Maria Busch
Umschlagmotiv: Christine Keim; iStockphoto
Umschlaggestaltung: Sabine Schweda
Satz: DTP Brunnen
Herstellung: CPI – Ebner & Spiegel, Ulm
ISBN 978-3-7655-1717-4

Inhalt

Allfried, der Alltagsengel

Ich wachte sehr früh auf, eine halbe Stunde, bevor der Radiowecker anging. Allfried saß an meinem Bett. Ich seufzte.

»Kannst du mich nicht schlafen lassen? Der Tag wird anstrengend genug.«

Allfried schüttelte den Kopf. Übrigens heißt er deshalb Allfried, weil er ein Alltagsengel ist, also einer, den man jeden Tag um sich hat und deshalb überhaupt nicht bemerkt. Ich höre Allfried auch nur selten, manchmal aber am frühen Morgen, wenn sonst noch alles still ist. Im Laufe des Tages übertönen meist die vielen anderen Stimmen um mich und in mir sein leises, eindringliches Reden. Und manchmal will ich ihn auch gar nicht hören.

»Ich weiß: Das wird ein schwieriger Tag für dich. Und darum dachte ich, du brauchst noch ein bisschen Zeit nachzudenken.«

»Nachdenken! Ich tue doch überhaupt nichts anderes mehr.«

»Außer gestern Abend.«

»Hör mal zu!« Ich wurde jetzt richtig wach.

»Sonst sagst du mir immer, ich müsste auch mal entspannen und sollte mich nicht von der Arbeit erdrücken lassen. Du hältst mir lange Vorträge übers Spazierengehen und so weiter.«

»Aber du bist gestern keineswegs spazieren gegangen.«

Es ist fürchterlich mit ihm. Er weiß alles. Meiner Familie kann ich viel erzählen, aber er durchschaut mich – gnadenlos.

»Also gut, ich habe Zeitung gelesen und bis halb elf Kreuzworträtsel gemacht. Ist das vielleicht schlimm?«

»Es ist nicht schlimm, aber beim Kreuzworträtsel hast du dich an irgendeinem chinesischen Fluss verbissen. Du warst gar nicht entspannt, als du ins Bett gingst. Und du hast dich nicht auf das Gespräch mit deiner Chefin vorbereitet.«

»Habe ich keine Lust zu.«

»Du weißt, wie empfindlich sie ist. Du kennst ihre schwachen Stellen. Wenn du ungeschickt vorgehst, wirst du dich hinterher ärgern – und alles ist verdorben. Wenn du klug und gut vorbereitet …«

»Ja. Du hast recht.«

(Das ist das Allerschlimmste an Allfried. Er hat immer recht. Und wäre er ein Mensch, könnte man es nicht aushalten mit ihm. Aber er ist ein Engel. Darum darf er auch recht haben.)

»Also, überleg dir das noch einmal. Du hast noch Zeit. Und vergiss nicht, dass du deine Freundin Rita anrufen wolltest. Sie wartet bestimmt darauf; du weißt, wie krank sie ist.«

»Ja, natürlich. Ich hab's gestern vergessen.«

»Stimmt nicht. Du wolltest nicht anrufen. Du hattest Angst, es würde dich zu sehr belasten, wenn sie wieder so furchtbar hustet.«

»Na, das ist doch für sie auch schrecklich, wenn sie gar nicht mit mir sprechen kann.«

»Quatsch.«

(Manchmal kann Allfried sehr direkt sein, fast ordinär.)

»Du weißt ganz genau, dass es nicht darauf ankommt, lange Gespräche zu führen, sondern anzurufen und zu zeigen, dass du an sie denkst.«

»Ich denke ganz viel an sie.«

»Woher soll sie das wissen?«

»Du kannst es ihr ja sagen.«

»Das ist nicht meine Aufgabe.«

Eigentlich wollte ich ihn nun – sozusagen als Revanche – auch ein bisschen ausschimpfen, da fing er mit noch etwas anderem an.

»Die eine Schülerin, du weißt, die aus Russland, die dir ihre Gedichte anvertraut hat, wartet schon lange darauf, dass du sie ansprichst.«

»Ja, natürlich. Aber ich kann nicht an alles denken.«

»Du sollst auch nicht an alles denken. Für heute sind es drei Menschen, an die du besonders denken sollst. Damit bist du doch nicht überfordert. Also fang mit deiner Chefin an.«

An der Stimme hörte ich, dass Allfried dabei war, sich zu entfernen. Es war plötzlich leer im Zimmer, und ich war hellwach. Ich stellte mir vor, wie meine Chefin mich begrüßen würde, wie ich mein Anliegen am besten formulieren sollte – und dann ging der Radiowecker an: »Guten Morgen, heute ist Dienstag, der …« Ich beeilte mich, aus dem Bett zu kommen.

Abends saß ich auf der Bettkante. Auf einmal war Allfried wieder da, hinter mir, er trat nie ins Licht.

»Na«, sagte er. »Du kannst doch eigentlich zufrieden sein.«

»Hab ich noch gar nicht drüber nachgedacht.«

»Siehst du, deshalb sag ich es dir. Du warst wirklich gut vorbereitet auf das Gespräch. Hast Missverständnisse ausgeräumt und dein Projekt vorangetrieben. Rita hat sich über deinen Anruf gefreut und die paar Worte, die du zu Xenia über ihre Gedichte gesagt hast, haben sie glücklich gemacht.«

»Übertreib nicht.«

»Ich übertreibe nie.«

»Das ist doch aber alles sehr wenig. Und ich habe das Kreuzworträtsel nicht herausbekommen. Das ärgert mich. Diese blöde Popgruppe mit vier Buchstaben. Wer soll denn die kennen? Und der Chor von der Nachbargemeinde hat einen großen Artikel in der Zeitung. Das ist ungerecht. Über uns wird nie berichtet.«

»Du solltest«, sagte Allfried, »jetzt schlafen gehen. Und morgen einen langen Spaziergang machen.«

Es kam mir vor, als wenn jemand das Deckbett über mich legte und mir einmal kurz über die Stirn strich.

»Im Übrigen sind das alles Lächerlichkeiten. Das weißt du genau. Und die Popgruppe heißt ABBA.«

Am nächsten Tag war es frühlingshaft klar. Ich hatte keine Ausrede, nicht mal für eine halbe Stunde an die frische Luft zu gehen.

Als ich durch Felder ging, wo der Weißdorn zu blühen begann, da, wo der Weg eine Kurve machte, war Allfried wieder da. Ich begann sofort zu schimpfen.

»Tolle Idee, dass ich spazieren gehen soll. Zu Hause wächst mir die Arbeit über den Kopf. Und dann stapfe ich hier durch den Matsch …«

»Merkst du nicht? Es ist Frühling!«

»Es stinkt.«

Allfried schüttelte so heftig den Kopf, dass ich die Luftbewegung spürte.

»Mit dir ist aber auch gar nichts los. Zugegeben, der Bauer hat gedüngt. Aber hörst du nicht den Bach plätschern?«

Ich hörte. Zufrieden war ich trotzdem nicht.

»Die Arbeit …«

»Na, was hast du denn so Wichtiges zu tun? Zähl mal auf.«

»Ich muss die Küche aufräumen. Das Mittagsgeschirr steht noch herum.«

»Warum überlässt du das nicht deinem Mann? Ich habe so eine Ahnung, dass er schon dabei ist.«

»Ich kann doch nicht einfach …«

»Du kannst. Weiter!«

»Auf dem Schreibtisch liegt ein Stapel Post.

Der wird immer höher. Und bestimmt ist Wäsche zu waschen.«

»Gewöhn dich endlich dran: Du hast keine kleinen Kinder mehr. Je seltener du wäschst, desto mehr Energie kannst du sparen. Und ihr habt wahrlich genug Kleidung im Schrank.«

»Was du alles weißt!«

»Na und weiter: Was musst du denn noch machen?«

»Im Garten arbeiten. Der gemeine Giersch breitet sich schon wieder überall aus.«

»Gott hat auch den gemeinen Giersch geschaffen.«

»Das sag mal den Nachbarn.«

»Ich bin für dich zuständig.«

»Aber ich kann nicht einfach alles wachsen lassen. Da muss Ordnung geschaffen werden.«

»Das hat noch Zeit bis zum Wochenende. – Ich mache dir einen Vorschlag: Du drehst jetzt um und gehst ganz ruhig zurück. Vergiss nicht auf den Bach zu hören. Und rechts unter dem Busch blühen Veilchen, falls du die noch nicht gesehen hast. Da hinten kommt eine Wolkenwand, aber bevor sie hier ist, bist du zu Hause und setzt dich an deinen Schreibtisch.«

Irgendwie hat Allfried es wieder geschafft – das mit der Wolkenwand. Als ich die Tür aufschloss, fielen die ersten Tropfen. Die Küche war tatsächlich aufgeräumt (mein Mann lächelte verschmitzt) und die Wäschetonne halb leer. Ich setzte mich an den Computer und schrieb Allfried einen Brief:

»Lieber Allfried, entschuldige, dass ich oft so unfreundlich zu dir bin. Das liegt aber nur daran, dass ich weiß: Du verstehst mich. Bitte bleib immer bei mir, denn ich brauche dich. Und die Veilchen waren wirklich schön. Deine U.«

Der Brief liegt immer noch auf meinem Schreibtisch, aber ich bin sicher, dass er ihn gelesen hat.

Familienessen

Schwiegermutter kommt, Tante kommt, Onkel kommt. Es gibt ein Familienessen. Die alten Herrschaften haben nicht mehr viel Abwechslung. Die jungen Herrschaften, unsere Kinder, halten sich erst einmal mit Kommentaren zurück.

Mein Mann holt die Schwiegermutter ab. Ich höre das Auto vorfahren. Noch schnell ein Stoßgebet.

»Hilf mir, Geduld zu haben!«

Nach der Begrüßung erfahre ich, was alles Schreckliches passiert ist: Die Putzfrau hat die silbernen Löffel falsch eingeordnet, sodass man sie nicht fand, als Besuch kam. Da musste man doch annehmen, dass sie gestohlen seien. – Der neue Apotheker hatte das verschriebene Medikament nicht vorrätig. Da muss man wieder hin. Und was das Schlimmste ist: Die Tochter von den Nachbarn hat einen neuen Freund. Mit Pferdeschwanz! Igitt, igitt! Und so jemandem begegnet man im Treppenhaus!

Es klingelt. Onkel und Tante kommen. Die beiden Frauen begrüßen einander charmant, so wie sie es seit Jahrzehnten tun.

»Hast du einen neuen Mantel, Elfriede? Na, der war aber nicht billig. Da muss man eben so eine Pension haben wie ihr. Aber sitzt er nicht an den Schultern ein bisschen eng?«

»Ach, meine Liebe, ich hatte auch noch so ein schönes Kleid wie du, aber Theo wollte unbedingt, dass ich es zur Altkleidersammlung gebe …«

Ich ziehe mich in die Küche zurück. Kurze Zeit später huscht die Tochter herein.

»Müssen wir wirklich zusammen essen? Kann ich nicht zu meiner Freundin Anne gehen?«

»Was fällt dir ein! Bring die Getränke auf den Tisch.«

Als ich mit der Bratensoße allein bin (Schwiegermutter liebt Rinderbraten und versteht es, aus dem Fond eine köstliche Soße zu machen), sehe ich mich um.

»Allfried?«

Die Küche ist zwar klein, aber er hat irgendwo Platz gefunden. Jedenfalls fühle ich seine Nähe.

»Ich bekomme das nicht hin. Jetzt ist die Soße doch zu dick geworden.«

»Mach langsam. Leg einen Augenblick mal alles aus der Hand. Nur stell vorher das Kochfeld ab, es ist heiß genug.«

»Das ist schwer auszuhalten.«

»Du wirst auch älter.«

»Aber doch nicht so!«

»Bist du da ganz sicher?«

»Ich hoffe es. Ich hoffe es sehr! Du wirst mir dabei helfen.«

»Also, du wirst, wenn dir alle Knochen wehtun, du nachts nicht schlafen kannst, das Essen nicht mehr schmeckt, weil das Gebiss drückt, deine Kinder keine Zeit für dich haben – dann wirst du mit strahlendem Lächeln durch deine Tage gehen und Dankeslieder singen?!«

»Hör auf, Allfried!«

Mein Mann kommt herein, verdreht kurz die Augen und macht den Wein auf. Von drinnen höre ich die beiden Frauen.

»Nein, das kannst du doch aber nicht sagen …«

»Ich weiß genau …«

»Also ich bitte dich!«

»Bei mir sind die Schmerzen erst nach sechs Tagen weggegangen, und der Arzt hat gemeint …«

Der Onkel schweigt.

Plötzlich ist auch unser Sohn in der Küche.

»Worum geht's?«, frage ich.

»Weiß nicht. – Wann gehen sie wieder?«

Die Tochter kommt zu uns in die Küche, es wird eng. Jeder meint, etwas Wichtiges tun zu müssen.

»Kannst du nicht von der Klassenfahrt erzählen? Schließlich hat Oma dir für die Reise 50 Euro spendiert.« Der Junge zuckt mit den Schultern und zieht leise maulend ab.

»Das interessiert die doch gar nicht«, kommentiert die Tochter.

»Allfried, Familie ist so wichtig. Dialog der Generationen. Voneinander lernen. Aber wie macht man das?«

»Lass sie erst einmal über ihre Krankheiten reden. Sie haben doch sonst niemanden, der ihnen zuhört.«

Als ich die Vorsuppe auftue, wehrt Schwiegermutter ab.

»Nicht so viel, nicht so viel, ich kann nicht mehr so viel essen wie andere.« Aber dann hält sie mir noch einmal den Teller hin: »Nur ganz wenig!«

Die Tante lobt die Suppe, der Onkel isst schweigend zwei Teller leer und wischt sich genüsslich den Mund ab.

»Und wie war die Klassenfahrt nach Rom?«, wendet er sich an den Sohn.

Bevor der antworten kann, fährt die Tante dazwischen: »Nach Rom! Früher sind wir ins Fichtelgebirge gefahren. Und es ist auch was aus uns geworden.«

»Wir haben auf dem Petersplatz eine Prozession gesehen ...«

Der brave Junge! Er fängt nicht mit Fußballspielen und Partys an.

»Ja«, sagt der Onkel begeistert. »Da war ich auch. 1963! Was die für Gewänder hatten, damals schon! Und die Fahnen. Es war schrecklich heiß, ich habe geschwitzt. Wir kamen ja vom Gardasee, das war eine Reise …«

Beim Nachtisch fasst der Onkel den Bericht über die letzten Tage der Reise kurz zusammen. Die Kinder schweigen, vom Rinderbraten ist noch etwas übrig geblieben, aber für morgen reicht es nicht mehr, überlege ich. Mein Mann füllt zum dritten Mal sein Weinglas (und er muss doch seine Mutter nach Hause fahren!).

Die Tante lehnt sich erschöpft und zufrieden zurück: »Das hat aber wieder gut geschmeckt!«

»Also du meinst, wir werden *auch* so? Es *muss* so sein, dass man sich im Alter nicht mehr für andere interessiert? Ist das wirklich wahr, Allfried?«

Es dauert eine Weile, ehe Allfried antwortet.

»Vielleicht hatten eure Verwandten nie jemanden, der ihnen zuhörte, als sie jung waren. Du weißt ja, es waren die schlechten Zeiten. Und dann ging es aufwärts. Da kümmerte man sich nicht viel um die Kinder.«

Ich denke nach, während ich die Reste in den Kühlschrank räume.

»Es stimmt, und wenn ich darüber nachdenke, kann ich alles verstehen. Trotzdem ist es schwer auszuhalten. Und die Kinder ziehen sich innerlich zurück, wenn sie nun auch diese Erfahrung machen.«

»Für deine Kinder bist du da. Du hörst ihnen zu. Sie wissen, dass ihre Eltern sich für sie interessieren.«

»Schön, Allfried: Für die Alten habe ich Verständnis, für die Kinder bin ich da. Ein bisschen komme ich mir vor wie der Käse im Sandwich.«

»Ja, du bist wichtig – was wäre das Sandwich ohne Käse.«

»Aber manchmal, muss ich dir ehrlich sagen, manchmal möchte ich auch ernst genommen werden.«

»Du hast doch mich«, erwidert Allfried und lacht leise. Dann ist er plötzlich verschwunden. Für mich ist es Zeit, den Kaffee zu servieren.

Als Schwiegermutter, Tante und Onkel sich verabschieden, sind sie heiter und angeregt.

»Es war wieder richtig schön bei euch.«

»Und es hat gut geschmeckt. Vielen Dank!«

Ein solches Lob – von meiner Schwiegermutter! Dabei hätte der Braten weicher sein können …

Die Tür schließt sich. Ich bin allein. Die Kinder gehen freiwillig in die Küche, um die Töpfe abzuwaschen. Ich höre sie fröhlich erzählen – von Rom, von der nächsten Party, von der Klassenarbeit morgen …

»Allfried, bleibst du bei mir, auch wenn ich älter werde?«

»Ja.«

Giersch und Garten

Alles grünt und blüht, welche Freude! Ich betrachte liebevoll unser Blumenbeet an der Terrasse. Aber was ist das? Diese kleinen Blätter kenne ich doch. Der »gemeine Giersch« ist wieder da! Habe ich ihn nicht voriges Jahr mit großem Aufwand an Zeit und Energie ausgerottet? Habe ich nicht alles getan, um – natürlich umweltverträglich! – diesem fürchterlichen Unkraut den Garaus zu machen? Und nun …

Je genauer ich hinsehe, desto deutlicher wird es: Zwischen den Tulpen und den prächtig blühenden Vergissmeinnicht, da, wo die Pfingstrose ihre Triebe aus der Erde streckt, ebenso wie unter der Hortensie: Für den Giersch scheint überall Platz zu sein. Was mache ich nun?

»Allfried, gab es im Garten Eden auch schon so viel Unkraut?«

Mein Engel scheint sich nicht erinnern zu können. Es ist ja auch sehr lange her. Und überhaupt – was verstehen Engel von Unkraut? Aber die Nachbarn, das weiß ich, die verstehen viel davon.

Also wird es wohl wieder nichts mit dem gemütlichen Nachmittag auf der Terrasse. Stattdessen: Ran an die Arbeit!

Ich hacke hier und rupfe dort, stürze mich mit Erbitterung auf jeden der kleinen kräftigen Triebe und verdränge ganz und gar aus meinem Kopf, dass Giersch auch als Heilkraut geschätzt wird. Nein, auch wenn alles in der Schöpfung seinen Platz hat, hier hat er nichts zu suchen. Hier sollen meine Stauden blühen, hier will ich mich an ihren Farben und ihrem Duft erfreuen.

Da! Ich mache einen Schritt rückwärts und

drehe mich um. Unter meiner Sohle stecken die ersten zarten Blätter der Pfingstrose, zertreten. Wütend stehe ich mitten im Beet und hadere mit mir, dem Giersch und meinen Vorstellungen von einem gepflegten Garten.

»Allfried, warum geht immer etwas kaputt, wenn ich doch nur Ordnung machen will?«

Aber wo ist Allfried? Hat er sich vor Entsetzen in den Apfelbaum geflüchtet? Nein, da raschelt nur eine Amsel.

»Allfried!«

»Lass es sein für heute«, höre ich ihn ganz nah. »Du bist mal wieder zu ungeduldig. Es gibt da so ein Gleichnis in deiner Bibel.«

»Ja, ja, ich weiß: Das Unkraut im Ackerfeld. Aber ich kann doch den Giersch nicht bis zum Jüngsten Tag wachsen lassen. Dann besteht mein Garten am Ende nur noch aus – na ja, sagen wir mal ›Wildkraut‹.«

»Natürlich musst du Ordnung machen. Aber …«

»Aber …? Genau darauf kommt es an! Dass ich Ordnung machen will und dabei geht etwas kaputt oder sogar verloren. Du weißt doch, wie ich letztens den wichtigen Brief vom Verlag verzweifelt suchte und am Ende im Papierkorb wiederfand. Da habe ich auch nur den Schreibtisch aufräumen wollen und am Ende gar nichts mehr gefunden. Aber wenn ich ihn nicht aufräume? Dann ersticke ich in den Papieren wie die Blume im Unkraut.«

»Vielleicht bist du zu hektisch. Wenn in dir Chaos und Unordnung herrschen, wird es dir nicht gelingen, um dich herum Ordnung zu schaffen.«

Der Rücken tut mir weh, eine dicke Wolke schiebt sich vor die Sonne. Vorsichtig, um nicht noch mehr kaputt zu machen, sammle ich den ausgerupften Giersch ein und trage ihn zum Kompost. Dann sehe ich mir die zertretenen Pfingstrosenblätter noch einmal an.

»Meinst du, dass sie wiederkommt, Allfried?«

»Bestimmt!«

»Und wird sie stärker sein als das Unkraut?«

»Beobachte sie genau. Du weißt, deine Blumen brauchen viel Aufmerksamkeit. Dann kannst du entscheiden, ob du ihr Freiraum verschaffen musst oder ob sie sich allein durchsetzt.«

»Ach, Allfried, bist du klug. Und wer verschafft mir Freiraum?«

Seltsam, in diesem Moment fallen erste Regentropfen. Schnell sammle ich meine Gartengeräte ein.

»Na, siehst du …«

Wenn Allfried nicht unsichtbar wäre, würde ich ihn jetzt bestimmt lächeln sehen. Da habe ich ihn schon – meinen Freiraum. Die Gartenarbeit wird auf morgen verschoben.

Und der Schreibtisch? Ich beschließe, mir erst einmal einen Tee zu kochen.

Frisch und fair

Ökologisch«, »Biologisch«, »Regional«, »Saisonal«, »Gesund, gesund, gesund …«

»Billig«, »Billig«, »Noch billiger« …

Als ich im Supermarkt vor den Regalen stehe, überkommt mich eine große Ratlosigkeit. Ich weiß, dass ich durch mein Konsumverhalten Einfluss nehmen kann. Aber wie soll das konkret aussehen, wenn die biologischen Kartoffeln aus Ägypten kommen und die regionale Ware nicht biologisch angebaut wird, aber ihre Verpackung ökologisch korrekt ist, wogegen die Bio-Tomaten aus der Region stammen, aber schon ein bisschen überreif aussehen …?

In dem Gedränge am Gemüsestand sehe ich mich vergeblich nach Allfried um. Sollte er mich tatsächlich gerade hier allein lassen, wo es doch um so wichtige Entscheidungen geht? Zwar bin ich nur ein winziges Rädchen in dem Konsumgetriebe. Trotzdem. Es kommt auf jeden Einzelnen an. Eigentlich müsste ich auch noch überlegen, wodurch ich Arbeitsplätze erhalte. Na ja, und mehr als nötig möchte ich auch nicht ausgeben.

Natürlich treffe ich Allfried an dem Regal, wo die Fairtradeartikel aufgebaut sind. Hier würde sogar Elisabeth von Thüringen ihren Kaffee und ihre Schokolade kaufen, denn sie hat ihrem Beichtvater versprechen müssen, nur rechtmäßig Erworbenes zu essen und zu trinken. Den Kaffee, für den die Bauern in Afrika und Lateinamerika einen Hungerlohn bekommen, würde sie nicht in ihren Korb tun. Aber reicht mein Geld noch für das Bio-Obst, wenn ich den teuren Kaffee nehme?

Vor diesem Regal ist es ruhig. Ich kann mich umschauen und mit Allfried unterhalten.

»Also gut: Kaffee, für den die Erzeuger angemessene Preise bekommen, aber keine Bio-Kartoffeln, die mit dem kostbaren Nilwasser gegossen wurden.«

Aber die Milch? Die Tomaten? Die Bananen?

»Auf die Erdbeeren von der anderen Seite der Weltkugel verzichte ich schweren Herzens. Dürfen es dann die schönen runden Tomaten da oben sein, Allfried?«

Ich habe das Gefühl, dass er mich auslacht. Als wäre es albern, sich darüber Gedanken zu machen, was ich kaufe und irgendwie alles gegeneinander abzuwägen.

»Allfried, mache ich etwas falsch?«

Eine junge Mutter hastet an mir vorbei, ein Kind im Einkaufswagen, ein anderes an der Hand. Sie greift rasch ins Regal, schiebt eine Renterin beiseite, die zwei Packungen Nudeln betrachtet, und stellt sich an der Fleischabteilung an.

Da wird es für mich besonders schwierig. Die Auswahl an Biofleisch ist äußerst bescheiden, was nicht verwundert angesichts der Preise. Und wollte ich nicht endlich Ernst machen mit der Verantwortung für die Schöpfung, zu der auch die Schweine und Kälbchen gehören, die hier an der

Theke in Einzelteilen verkauft werden? Sind sie vielleicht durch ganz Europa gefahren worden, zusammengepfercht, halb verhungert und verdurstet? Von Allfried ist an der Fleischtheke nichts zu sehen. Keine klaren Anweisungen, wie ich sie mir so sehr wünsche. Immer muss ich alles allein entscheiden!

Als ich wieder im Auto sitze, höre ich ihn auf einmal etwas sagen. Aber das ist so leise, und der Motor läuft, dass ich erst vor der nächsten roten Ampel nachfrage:

»Was hast du gesagt, Allfried?«

»Ich habe dich bedauert!«

»Wie schön! Endlich einmal jemand, der mich bedauert.« Fast muss ich lachen. Natürlich sind meine Probleme »Luxusprobleme«. Aber sie haben doch auch etwas mit Verantwortung zu tun!

»Ist dir schon aufgefallen, dass du dich selbst unter Leistungsdruck setzt?«

»Ja, ich weiß. Aber diese ›Leistung‹ ist doch not-wendig – im wahrsten Sinne des Wortes. Wir müssen unser Konsumverhalten überdenken, sonst tragen wir zur Verelendung von Menschen und Rücksichtslosigkeit gegenüber unseren Mitgeschöpfen bei.«

»Richtig!«

»Na – und weiter?«

»Kleine Schritte gehen. Kompromisse schließen. Anders geht es nicht. Vielleicht braucht ihr guten Menschen ein wenig mehr Demut. Ihr seid doch schon viele, und es hat sich auch schon vieles geändert. Aber du allein wirst es nicht schaffen. Es fällt dir schwer, das zu akzeptieren, nicht wahr?«

Als ich den Einkauf in der Küche auspacke, bin ich ganz zufrieden. Ja, es hat sich schon viel geändert in unserer Küche – und es wird sich noch viel ändern, in den Supermärkten und auf den Schlachthöfen. Hoffentlich auch bei den Kaffee- und Bananenbauern. Darauf vertraue ich. Wir sind viele, die daran arbeiten.

Tausend Stäbe

Beschwingten Schrittes ging ich in den Unterricht. Heute würde ich meinen Schülern einmal wieder etwas Schönes anbieten können: ein Gedicht! Ich hatte Rilkes »Panther« ausgewählt.

Sein Blick ist vom Vorübergehn der Stäbe
so müd geworden, dass er nichts mehr hält …

Sie werden fasziniert sein von der Genauigkeit der Beobachtung, erkennen – einige wenigstens –, dass es nicht nur um ein Zootier geht, sondern um das Leben. Unser Leben.

Ihm ist, als ob es tausend Stäbe gäbe
und hinter tausend Stäben keine Welt.

***

Am Abend, nach fünf Stunden Unterricht und einer vierstündigen Konferenz, von der ich nicht mehr viel mitbekam, lag ich im Bett. Ich knipste das Licht aus und fühlte mich niedergeschlagen und traurig. Erst wusste ich gar nicht mehr, warum. So viele Begegnungen, schwierige Gespräche, Informationen, Ärger, Erschöpfung. Aber das war nichts Besonderes.

Dann fiel mir die Deutschstunde wieder ein.

Als ich die Tür hinter mir schloss, gingen alle brav auf ihre Plätze.

»Ich lese euch jetzt ein Gedicht vor.«

»Öh.« – »Schon wieder?« – »Können wir nicht über das Klassentreffen sprechen?«

»Hört bitte zu, macht euch Notizen wie immer.«

Der weiche Gang geschmeidig starker Schritte …

Es klopfte an der Klassentür. Eine Kollegin kam mit einem weinenden Fünftklässler herein. Boris und Paul hatten ihm in der Pause den Ball weggenommen und ihn geschlagen. Boris und Paul leugneten. »War doch nur Spaß!« Den Ball hatten sie unter dem Tisch versteckt. Die Kollegin war empört. Sie sollten sich entschuldigen. Grinsend murmelten sie so etwas wie: »Tja, tut uns leid«, und gaben den Ball heraus. Die Kollegin erwartete, dass ich noch einmal mit ihnen rede. Ich sagte zu. Die Tür schloss sich.

»Also ich lese das Gedicht noch einmal von Anfang an.«

»Muss das sein?«

»Ja. Boris und Paul kommen in der großen Pause zu mir.«

Nur manchmal schiebt der Vorhang der Pupille
sich lautlos auf –. Dann geht ein Bild hinein,

geht durch der Glieder angespannte Stille –
und hört im Herzen auf zu sein.

»Von wem ist denn das?«

»Rainer Maria Rilke.«

»Noch nie gehört.« – »Ist das ein Mann oder eine Frau?«

Als es am Ende der Stunde läutete, hatten wir die gleichmäßige Strophenform analysiert, die Wiederholungen und Unterbrechungen auf den Textblättern gekennzeichnet. Die kluge Ines erkannte: »Das ist in den ersten beiden Strophen so monoton wie das Laufen des Panthers.«

»Streberin!«, tönte es aus der hinteren Ecke. Und während die Taschen und Rucksäcke auf die Tische geknallt wurden, meinte Konrad noch: »Na ja, ist ja wie im wirklichen Leben.« Aber leider hörten die meisten schon nicht mehr zu.

***

»Allfried, steht nicht in der Bibel etwas von Perlen, die man vor die Säue wirft?«

Allfried, irgendwo im Dunkel des Zimmers, reagierte empört.

»Willst du deine Schüler als *Säue* bezeichnen?«

»Es ist eins der vollkommensten Gedichte der deutschen Literatur. Und sie verstehen nichts, sie wollen auch gar nichts verstehen. Sie rennen mit dem Handy am Ohr aus der Klasse. Rilke ist ihnen egal.«

»War da nicht eine kluge Bemerkung von Konrad am Schluss?«

»Ja, Konrad! Einer! Bei dem zu Hause steht bestimmt ein Band Rilke-Gedichte im Bücherregal der Eltern. Und er hat Mühe, sich in der Klasse zu behaupten, weil er sich für Naturwissenschaften interessiert und nicht nur für Fußball.«

»Du weißt gar nicht, was die anderen mitbekommen haben.«

»Es kann nicht viel sein – außer bei Ines vielleicht. Die will unbedingt eine gute Arbeit schreiben und passt deshalb immer auf. Dafür wird sie dann schon wieder gemobbt. Gedichte sind nicht ›in‹. Wir sollten in der Schule gar keine mehr behandeln. Ich habe keine Lust mehr. Immer nur Ärger und Widerstand.«

»Wer weiß: Vielleicht stehen eines Tages dein Paul oder Achmed oder Swetlana im Zoo vor einem Pantherkäfig und plötzlich fällt ihnen ein: Da war doch etwas. Wir hatten doch mal ein Gedicht im Deutschunterricht …«

»Ja, und dann klingelt bestimmt ihr Handy und sie erfahren, dass eine Freundin sich von ihrem Freund getrennt hat. Sofort kehren sie dem schwarzen Panther den Rücken zu. Und sie können sich sowieso nicht erinnern, von wem das Gedicht war. Rilke? Ach, da gibt es eine Straße, in der wohnt meine Tante. Ich glaube, das nennt man Traditionsbruch. Nichts ist mehr wichtig, was einmal wichtig war. Wie habe ich in meiner Jugend Rilke-Gedichte geliebt!«

Während ich auf Allfrieds Antwort wartete, gingen mir all die düsteren Prognosen durch den Kopf: Kirchen werden verkauft und umgewidmet. Theater und Opernhäuser stehen leer, nur die Fußballstadien sind voll. Die abendländische Tradition löst sich in Handy-Klingeltöne auf.

Ich ärgerte mich über Allfried. Müsste er mich nicht aufmuntern, mir Mut machen? Findet er es in Ordnung, dass ich meine Kraft verschwende und genau weiß, wie sinnlos es ist?

Endlich begann mein Engel zu reden:

»Es war nie anders. Das Wichtige und Bedeutsame wurde immer von der Oberflächlichkeit überdeckt. Warum soll es heute besser sein?

Aber immer hat es auch Menschen gegeben, die sich nicht mitreißen ließen von dem Strudel. Hilf denen! Gib ihnen Orientierung! Dazu bist du da. Aber bilde dir nicht ein, alle erreichen zu können. Du bist nicht allmächtig.«

»Was du nicht sagst!«

»Es gibt da so ein Gleichnis«, hörte ich Allfried wieder. »Du erinnerst dich doch: Samen und Ackerfeld. Das ist die Erfahrung der Prediger, der Missionare und auch der Lehrer. Du gibst etwas und weißt nicht, was daraus wird. Aber Gott weiß es. Und morgen wirst du es wieder tun. Es muss ja nicht unbedingt ein Rilke-Gedicht sein …«

Hilfe, mir wird geholfen!

Es war einer der Tage, an denen ich schon beim Weckerklingeln dachte: Wenn es doch schon wieder Abend wäre!

»Allfried, kannst du es nicht machen, dass die Sonne untergeht und wir gemütlich beim Abendbrot sitzen und alles vorbei ist?«

»Nein. Denn heute ist Abitur. Die vierzehn jungen Menschen, die du heute prüfen wirst, erwarten von dir, dass du ihnen gerecht wirst. Also steh auf. Du hast es doch gut im Vergleich zu ihnen. Du wirst nicht geprüft.«

»Na ja, ein bisschen schon. Du weißt – die Prüfungskommission ist kritisch, auch mir gegenüber. Und ich möchte doch auch gern, dass alle gut abschneiden und durch hervorragende Ergebnisse zeigen, was ich für einen hervorragenden Unterricht gehalten habe.«

Ich wusste, jetzt lachte Allfried mich aus. Nie zweifelte ich so sehr an der Qualität meines Unterrichtes wie in Abiturprüfungen. Aber es half alles nichts. Ich musste aufstehen und den Tag durchstehen. Ein letzter Blick auf den Kirschbaum neben dem Küchenfenster, der voller roter Früchte hing, und ab ging es in die Schule.

Als ich abends nach Hause kam, empfing mich an der Tür nicht mein Mann, sondern die Nachbarin von gegenüber, die uns oft half, wenn die Kinder allein waren oder der Hund ausgeführt werden musste. An ihrem Kittel lief etwas Rotes herunter, das Haar klebte an der schweißnassen Stirn. Sie strahlte.

»Da sind Sie ja schon«, sagte sie. »Ich habe noch nicht fertig aufgeräumt, aber Sie werden staunen.« Sie ging voran und öffnete die Küchentür.

Ja, ich staunte.

Auf dem Herd standen meine beiden größten Töpfe, mit rotem Saft verklebt, und daneben eine Reihe von Einmachgläsern voller Kirschen. Der Herd, der Fußboden, auch die Fenster hatten etwas abbekommen. Ich sah nur noch rot.

Unsere Nachbarin wusch sich die Hände und wischte sich Schweiß und Saftflecken von der Stirn.

»Ich dachte doch, wo Sie nie Zeit haben, da mach ich Ihnen die Kirschen ein. Jetzt haben Sie genug für den Winter. Die Kinder essen das doch gern, nicht wahr?«

»Wunderbar«, sagte ich und machte auf dem Absatz kehrt. Im Flur fiel mir ein, dass ich mich unbedingt bedanken musste. Mir liefen die Tränen übers Gesicht, als ich sie umarmte und ihr »Danke für Ihre viele Arbeit!« ins Ohr murmelte. Gerührt klopfte sie mir auf die Schulter, zog den Kittel aus und ging zufrieden nach Hause.

Ich stand in der Küche und heulte.

Vierzehn Prüfungen. Spannende, teilweise gereizte Auseinandersetzungen in der Prüfungskommission. Eine Schülerin, die völlig versagt hatte. Im Ganzen passable Ergebnisse. Aber auch Enttäuschungen:

»Welches ist nach dem letzten Forschungsstand das älteste Evangelium?«

»Na, Matthäus. Das steht doch an erster Stelle.«

Und das nach meinem Unterricht, drei Jahre Oberstufe! Wo wir doch ausführlich die drei synoptischen Evangelien verglichen hatten!

Mein Kopf war voll von den Ereignissen des Tages, ich hätte mich gern hingesetzt und einen Tee getrunken, um langsam zur Ruhe zu kommen – aber die Küche sah aus, als sei mindestens ein Schwein darin geschlachtet worden.

»Allfried, konntest du das nicht verhindern?«

»Aber ihr esst doch alle so gern Kirschkompott.«

»Mach keine Witze! Ich bin hundemüde, ich möchte nichts mehr hören und sehen. Und dann das!«

»Sie hat es gut gemeint. Sehr gut sogar. Sie wollte dir helfen. Die Kirschen sind nun mal reif. Sollen denn die Amseln alle essen?«

»Ein paar hätten wir uns schon gepflückt. Vielleicht am Wochenende. Und der Kompott – wann essen wir schon Kompott? Er schmeckt auch bei den anderen immer besser als bei mir. Zum Beispiel bei unserer Nachbarin.«

»Na, darum hat sie doch jetzt für dich welchen gekocht.«

»Und ich muss die Küche aufräumen.«

Ich wollte zum Herd gehen, aber meine Sohlen klebten fest. Draußen hörte ich die Tür gehen, dann stand mein Mann im Raum. Er schaute sich ratlos um.

»Was ist denn hier passiert?«

Gemeinsam versetzten wir die Küche in einen Zustand, der uns erlauben würde, am Morgen Frühstück zu machen, ohne festzukleben. Dann ging ich ins Bett und träumte von einem Fußboden voller Blut und Töpfen, die über mich herfielen und mich verprügelten.

Am nächsten Nachmittag, nach dem Unterricht, stand ich dann wieder vor den Gläsern mit Kompott.

»Allfried, ich weiß, dass sie mir helfen wollte. Sie meint es sehr gut mit uns und bedauert meine arme Familie, die nie selbst gekochte Marmelade bekommt. Was kann ich denn nur tun, damit sie versteht, dass ich nach einem anstrengenden Tag nicht Kirschkompott, sondern Ruhe brauche? Ich will sie bestimmt nicht kränken, aber …«

Allfried schien auch nichts zu wissen. Es dauerte eine ganze Weile, ehe er antwortete.

»Vielleicht solltest du ihr mehr von dir erzählen, was dir wichtig ist und was du dir wünschst. Und du kannst ja anklingen lassen, dass der Kompott, den sie in ihrer Küche kocht, immer noch besser schmeckt als der, den sie in deiner Küche zubereitet.«

»Sehr witzig!«

Ich stellte mir ein solches Gespräch mit der Nachbarin vor. Ob wir uns wirklich verstehen würden? Aber Allfried war noch nicht fertig.

»Das mit dem Helfen ist gar nicht so einfach. Denk einmal daran, wie du letzte Woche eine blinde Frau getroffen hast. Du hast sie am Arm genommen, um mit ihr über die Straße zu gehen. Als ihr schon unterwegs wart, ist dir endlich eingefallen zu fragen, wo sie denn eigentlich hinwollte. Und ihr musstet zurückgehen, weil du sie in die falsche Richtung geführt hattest.«

Als mich Allfried an diese kleine Szene erinnerte, wurde ich innerlich schamrot – wie von Kirschsaft. Und es fiel mir ein, dass Jesus die

Menschen, denen er half, immer zuerst fragte: »Was willst du, das ich dir tun soll?«

Als ich den letzten Topf wieder sauber im Schrank hatte, atmete ich auf.

»Ich habe verstanden. Und ich werde meiner Nachbarin einen Blumenstrauß bringen und ihr von meiner Arbeit in der Schule erzählen.«

Im Winter gab es dann sonntags Kirschkompott. »Hmm, schmeckt der gut«, sagten die Kinder. »Seit wann kochst du denn Obst ein?«

Auf der Autobahn

Allfried, muss ich alle Menschen lieben? Wirklich alle?«

Wir rasten über die Autobahn. »Rasen« ist vielleicht der falsche Ausdruck, jedenfalls war ich mit meinem Kleinwagen dem Fahrer hinter mir nicht schnell genug, als ich einen gelben Lastwagen (mit Anhänger) zu überholen versuchte. Der junge Mann mit Sonnenbrille im schwarzen Wagen mit den vier Ringen hielt lässig eine Hand am Lenkrad, die andere irgendwo. Er berührte fast meine Stoßstange und blinkte energisch nach links.

»Allfried, muss ich *den* lieben?«

Wir waren schon ein paar Stunden unterwegs, mein Engel und ich. Nie fahre ich los, ohne mich zu vergewissern, dass er auch eingestiegen ist. Auf dem Beifahrersitz lag zwar – mit menschlichen Augen gesehen – mein kleiner Rucksack und ein Apfel, aber ich wusste: Allfried hatte trotzdem seinen Platz gefunden.

Wir schafften es. Der gelbe Lastwagen blieb zurück, ich konnte auf die rechte Spur ausweichen und mein Hintermann in dem schwarzen Wagen drückte begeistert aufs Gaspedal und schoss vorbei. Ein paar Hundert Meter weiter flammten seine Bremslichter auf. Da versuchte wohl schon wieder ein Kleinwagen, einen Laster zu überholen …

»Ich würde sagen …«, hörte ich Allfried und fand, er klang für einen Engel, der Gottes Weisheit doch deutlich näher ist als wir, recht unschlüssig.

»Also: ›lieben‹ ist schon ein großes Wort. Du solltest ihm wünschen, dass er gut ankommt – trotz seiner riskanten Fahrweise. Vielleicht ist er auf der Fahrt zu seiner Freundin, die ihn sehnsüchtig erwartet. Oder seine Frau bekommt gerade ein Kind …«

»Ja, ja, ich weiß: Es ist mit größter Sicherheit

ein Arzt unterwegs zu einem todkranken Patienten. – Allfried, erzähl mir keine Märchen! Der Typ hat keine Frau, die ein Kind bekommt. Der hat zu viel Testosteron im Blut und muss allen zeigen, wie toll er ist.«

»Vielleicht hat gestern sein Chef zu ihm gesagt, dass er zu langsam arbeitet. Oder ...«

»Danke, Allfried, danke! Und der in dem Rennwagen, der da vorn gerade rechts überholt, ist gestern entlassen worden. Darum muss er sich auf der Autobahn austoben.«

»Du bist ziemlich arrogant und eingebildet. Was kannst du dafür, dass in deinem Leben von Anfang an andere Maßstäbe gesetzt worden sind? Dass du gelernt hast: Es kommt nicht auf die PS an, sondern auf die Kraft des Herzens? Dass dich dein Einkommen gar nicht in Versuchung führt, dir einen Wagen mit Stern oder Ringen zu kaufen? Sonst würdest du vielleicht auch nichts Schöneres kennen, als mit der Kraft eines Motors zu zeigen, wie stark du bist!«

Ich war gerade wieder auf die linke Spur gewechselt. Hinter mit überholte ein Wohnmobil und hielt mir den Rücken frei, aber vor mir scherte plötzlich ein Lieferwagen aus. So plötzlich, dass ich fest auf die Bremse treten musste – oder war es Allfried, der trat? – und gerade noch einen Auffahrunfall vermeiden konnte.

Mein Blutdruck war hoch, mein Herz klopfte heftig.

»Allfried ...!«

»Ich bin da.«

»Das ist noch einmal gut gegangen, aber den – den kann ich nun wirklich nicht lieben, selbst wenn seine Frau gerade ein Kind bekommt.«

»Überleg doch mal: Das ist einer, der nach Hause will. Die ganze Woche auf der Straße. Wenig Geld. Tausende von Kilometern. Du siehst doch, wo der herkommt. Da warten bestimmt Frau und Kinder irgendwo im Osten.«

»Vielleicht ist er auch betrunken.«

»Kann sein. Aus Verzweiflung.«

»Als Jesus von Nächstenliebe sprach, kannte er die Autobahn noch nicht.«

»Aber römische Reiter. Die waren gegenüber Fußgängern und Eselskarren auch nicht zimperlich.«

»Trotzdem: Sie waren als Menschen wenigstens erkennbar. Hier sehe ich nur: Technik. Ich nehme niemanden mehr als Mensch wahr, geschweige denn als Geschöpf Gottes.«

»Ihr habt euch die Erde untertan gemacht. Auch die Straßen. Und um euch die Zeit untertan zu machen, fahrt ihr immer schneller. Das ist der Fortschritt. Und du – du bist ein Teil davon.«

Vor mir, gerade hinter der Kurve, leuchteten Blinklichter auf beiden Spuren. Ich hatte noch Zeit, herunterzubremsen und die Warnblinkanlage einzuschalten. Stau.

»Ja, Allfried, du hast recht: Das ist der Fortschritt. Und ich bin ein Teil davon. Hilf mir, dass ich dennoch Mensch bleibe.«

Sudoku

Wenn die 9 in dieser Reihe im mittleren Quadrat ganz rechts steht, dann muss doch unten zwischen die 6 und die 3 eine 8 kommen. Nein, stimmt nicht, die 9 fehlt noch in der untersten Reihe und da muss sie ins letzte Kästchen, sonst passt sie nirgends mehr hin und dann habe ich auch noch …

Draußen regnet es wieder. Kein Wetter für den Garten. Ich habe auch schon drei wichtige Briefe geschrieben, den kranken Freund besucht und für die Familie ein anständiges Mittagessen gekocht. Also Zeit für ein Sudoku.

Trotzdem! Als ich Allfried in der Nähe spüre, blättere ich die Zeitung schnell um und tue so, als würde ich den Beitrag über Frauen in Führungsetagen lesen.

»Warum machst du das Sudoku nicht weiter?«

Natürlich – er hat es gemerkt.

»Ach, das ist mir zu dumm. Stundenlang nur diese Zahlen im Kopf und am Ende mache ich dann doch einen Fehler. Vertane Zeit – findest du nicht auch?«

So ganz ehrlich ist das nicht, was ich Allfried da erzähle, und das weiß er sicher. Wenn ich den Kopf so richtig voll habe mit Alltagsproblemen, wenn mir die graue Wolkendecke auf den Kopf fällt, wenn meine Gedanken sich nur noch im Kreis drehen, dann finde ich es sehr entspannend, mich auf die Zahlen eins bis neun zu konzentrieren. Natürlich ist es auch eine Herausforderung: Ich werde immer besser, ich entwickle neue Strategien, ich knacke auch schwere Rätsel. Welch ein Erfolgserlebnis! Und dann wieder die nackte Verzweiflung: Für die 6 ist kein Platz mehr, ich habe einen Fehler gemacht, alles ist verdorben. Ein neuer Versuch. Die kleinen grauen Gehirnzellen arbeiten wie verrückt: Wenn … dann … Wenn hier nur die 2 und die 8 hinpassen, dann muss die 5 in das untere Quadrat …

»Es macht dir doch Spaß … Außerdem ist es ein gutes Training für deinen Kopf. Wir Engel kennen das. Bei den Menschen, die wir begleiten, geht es ähnlich zu wie im Sudoku. Wenn sie sich für eins entscheiden, dann müssen sie an anderer Stelle etwas ändern. Wenn sie die Lösung für ihre Probleme suchen, dann passt oft etwas nicht zusammen. Am Ende fällt eine Zahl heraus oder steht doppelt im Quadrat. Ich meine, es ist ein Gleichnis dafür, wie man die Möglichkeiten des Lebens zueinander ordnen kann.«

Jetzt bin ich wirklich verblüfft: Allfried kennt Sudokus. Er weiß, worum es geht. Wo ich nur Zahlen sehe, sieht er die Verknüpfungen unseres Lebens. Und er redet weiter:

»Manchmal denkst du, es kann einfach nicht stimmen. Es lässt sich nicht eindeutig festlegen, wo die 1 steht. Es gibt zu viele Möglichkeiten. Und dann arbeitest du daran, schließt eine Alternative nach der anderen aus. Zwei bleiben übrig. Und nun? Dann ist es eine ganz andere Zahl, die entscheidet, was richtig ist und was falsch: Du stellst fest, welche Möglichkeiten für ein Kästchen bestehen, das du vorher noch gar nicht berücksichtigt hast – und siehe da: Nur die 3 passt an diese Stelle. Damit ist es entschieden: Hier die 2 und dort die 1. Wie von selbst entwirrt sich das Knäuel, füllen sich die Kästchen. Weil hier eine 4 steht, muss dort die 9 hin. Du staunst und fragst dich, wie das möglich ist: Eben standest du vor einer Fülle ungelöster Probleme und jetzt enthüllt sich ein Bild, in dem alles seinen Platz hat. Vollkommenheit, die wir auf der Welt nicht erreichen. Aber wir arbeiten daran.«

Ich bin verblüfft. Doch eigentlich hat Allfried recht: Auch in meinem Leben muss ich sehen, dass alles an die richtige Stelle kommt: die Ehe, die Kinder, der Beruf, Freundschaft, Interessen, Anspannung und Entspannung. Ich suche einen Platz für das, was mir wichtig ist. Ich sehne mich nach der Vollkommenheit eines ausgefüllten Lebens. Wenn ich scheitere, beginne ich von Neuem. Manchmal möchte ich aufgeben. Und dann finde ich wieder, dass etwas zusammenpasst, von dem ich es nicht erwartet habe: Eine erzwungene Pause führt zu einer Begegnung, die mein Leben reich macht. Ein unerwarteter Besuch – er erzählt von einem Buch, das mir wichtig wird. Ein lästiger Termin und da erwartet mich jemand, der mir Entscheidendes zu sagen hat …

Das Telefon klingelt. Seufzend lege ich das Sudoku aus der Hand. Nun war ich doch fast fertig damit.

»Fertig werden wir nie«, höre ich Allfried noch sagen. Dann hebe ich ab.

Es wird ein langes Gespräch. Ein Gespräch, für das ich an einem anderen Tag gar keine Zeit gehabt hätte. Aber es gehört hinein in mein Leben. Und das Sudoku mache ich am nächsten Abend weiter.

Nehmen Sie einen Augenblick Platz!

Ich hatte einen wichtigen Arzttermin. Kurz bevor ich losfahren wollte, rief meine Freundin an. Es ging ihr nicht gut, sie wollte gern reden. Ich trat von einem Fuß auf den anderen und hörte zu. Schließlich versprach ich, abends noch einmal zurückzurufen. Es tat mir so leid, aber ich musste doch weg. Und dann war der Autoschlüssel verschwunden.

»Allfried, mein Engel!«

Keine Antwort, kein guter Rat, keine Hilfe in Not. So war das immer. Wenn man ihn wirklich brauchte, blieb er unsichtbar. Eben ein Engel, der vorüberweht, wo er will. Und ich stand da – ohne Schlüssel, in Panik, allein.

Schließlich besann ich mich. Statt über Allfrieds Abwesenheit nachzudenken, sollte ich vielleicht rekonstruieren, wo ich den Schlüssel zuletzt benutzt hatte. Ich war einkaufen gewesen, hatte den Korb hereingetragen – im Korb? Fehlanzeige. Was hatte ich an? Die rote Jacke. Alle Taschen durchsucht: Fehlanzeige. Er hing doch immer am Haken. Immer. Jemand hatte ihn weggetragen, in den Müll geworfen. Jetzt würde ich es nicht mehr pünktlich schaffen. Ich hatte ihn doch noch in der Hand, als ich die Post aus dem Briefkasten nahm. Ach ja, die Post! Sie musste im Wohnzimmer liegen. Unter den Katalogen und der Telefonrechnung fand ich den Schlüssel.

Als ich endlich im Auto saß und gerade noch bei Gelb über die Ampelkreuzung gekommen war, saß Allfried plötzlich auf dem Beifahrersitz, seelenruhig.

»Wo warst du eben, als ich den Autoschlüssel suchte?«

»Wo soll ich gewesen sein? In deiner Nähe.«

»Aber du hast mir nicht geholfen.«

»Warum sollte ich dir helfen? Ich nehme an, dass du den Schlüssel gefunden hast.«

»Ein kleiner Tipp von dir – und alles wäre viel schneller gegangen, ich hätte mich nicht so aufgeregt und …«

Vollbremsung. Vor mir bog ein Lastwagen in eine schmale Einfahrt.

»Ich könnte ruhiger fahren. Aber so ist es immer. Wenn ich dich ganz besonders brauche, ziehst du dich dezent zurück.«

Allfried schnaufte empört. »Ich will dir mal was sagen: Es gab überhaupt keinen Grund, in Panik zu geraten. Du musstest nur ein bisschen nachdenken. Ich bin nicht dazu da, für dich zu denken.«

Als ich in die Praxis kam, hieß es wie immer: »Nehmen Sie noch einen Augenblick im Wartezimmer Platz.«

Da saß ich dann, blätterte gelangweilt die Illustrierten durch und überlegte, ob mir die neue Herbstmode, die so aussah wie das, was meine Mutter nach dem Krieg getragen hatte, wohl stehen würde. Dann vertiefte ich mich in eine wissenschaftliche Untersuchung unter der Überschrift: Wenn Männer Frauen Blumen schenken, leben sie länger. Ehe ich herausbekommen hatte, wer länger lebt: die Frauen, die Männer oder die Blumen, unterbrach mich Allfried.

»Na – war es vielleicht nötig, dass du dich so abgehetzt hast?«

»Natürlich nicht, aber das konnte ich vorher doch nicht wissen! Du bist eben ein Engel und weißt immer alles besser.«

»Du irrst dich. Der Unterschied zwischen dir und mir ist nicht, dass ich etwas besser weiß. Ich weiß nur, was wichtig ist und was nicht. Übrigens: Wo war denn der Autoschlüssel?«

Die Schnecke am Weg

Es war ein sonniger Herbsttag und wir gingen spazieren, Jonas und ich. Seine kleine Hand lag in meiner. In der anderen hielt er ein gelbes Blatt, das er der Mama mitbringen wollte. Natürlich bildete ich mir ein, dass sich alle Leute nach uns umdrehten. Ich war stolz und glücklich. Mein kleiner Enkel!

Da begegneten wir der Schnecke.

Sie war auf dem Weg vom Straßenrand zu einem Vorgarten, der noch mit frischem Grün lockte. Ich hatte sie gar nicht gesehen, hätte sie vielleicht sogar zertreten. Aber nicht so mein Jonas.

»Schnecke!«

Er ließ mich los und ging in die Hocke. Mit größter Aufmerksamkeit beobachtete er, wie das kleine Tier sich durch die Ritzen zwischen den Pflastersteinen hindurchkämpfte, Zentimeter für Zentimeter.

»Komm, Jonas, wir wollen weiter!«

Jonas rührte sich nicht. Er verfolgte konzentriert die Bewegungen der Schnecke.

»Jonas, wir wollen doch noch auf den Spielplatz.«

»Wer will auf den Spielplatz?«, hörte ich plötzlich eine wohlbekannte Stimme. Eigentlich legte ich in diesem Moment gar keinen Wert auf Allfried. Doch es half nichts, ich musste zugeben: »Natürlich will *ich* auf den Spielplatz. Ich will etwas machen, ich will weitergehen. Und Jonas will die Schnecke angucken. Aber …«

»Ungeduldig wie immer! Ihr habt keine Eile. Warum gönnst du dem Kind nicht die Zeit, etwas Interessantes zu beobachten?«

Interessant – na ja …

Inzwischen war die Schnecke dem lockenden Grün des Vorgartens schon um einige Zentimeter näher gekommen. Und ich trat von einem Fuß auf den anderen, stand hier einfach auf dem Gehweg der Straße herum und wartete.

»Große Stein!« Jonas war beeindruckt. Die Schnecke hatte auf ihrem Weg ein bemerkenswertes Hindernis überwunden.

»Ich bin es gewohnt, dass ich immer rennen muss«, sagte ich entschuldigend zu Allfried. »Ich kann das nicht, einfach so herumstehen. Ich bin immer der Uhr hinterhergelaufen, ich musste mich doch beeilen, um alles zu schaffen.«

»Du stehst nicht einfach herum. Du erlebst, wie dein Enkel eine wichtige Erfahrung macht.«

Auf der Straße raste ein Auto mit deutlich überhöhter Geschwindigkeit vorbei. Jonas rührte sich nicht. Ich seufzte tief, aber niemand hörte es – außer Allfried natürlich. Doch der hatte kein Verständnis für meine Ungeduld.

»Hast du dir nicht immer gewünscht, mehr Zeit zu haben? Wolltest du es nicht genießen, mit deinen Enkelkindern die Welt neu zu entdecken?«

»Ja, natürlich, aber … das ist doch nur eine gewöhnliche Schnecke und eine gewöhnliche Straße. Und um uns herum geschehen lauter gewöhnliche Dinge.«

»Für dich vielleicht, aber Jonas ist gerade erst zwei Jahre alt.«

Natürlich hatte Allfried wieder einmal recht. Wenn man über sechzig Jahre auf der Welt lebt, hat man schon – na, vielleicht tausend Schnecken gesehen, die über die Straße kriechen. Wenn man aber erst zwei Jahre alt ist und erst seit einem Jahr auf den kleinen Beinen steht und geht, dann findet man überall Neues. Eigentlich schade, dass ich alles schon kenne …

Ich langweilte mich.

»Jonas, du wolltest doch heute auf die große Rutsche«, versuchte ich es noch einmal.

»Schnecke gucken«, war die knappe und überzeugende Antwort. Es blieb mir nichts anderes übrig, als in die gelb gefärbten Blätter der Bäume zu schauen, die sich im Wind rührten, den Leuten zuzusehen, die von der Arbeit nach Hause kamen, ihre Autos abstellten und müde oder eilig ins Haus gingen, um den Feierabend zu genießen. Die Schnecke kroch über die Steine und Jonas beobachtete, wie sie ihre Fühler mal einzog, mal ausstreckte, dabei den Kopf drehte und die laute, eilige Welt an sich vorüberließ. Hinter ihr bildete sich eine klebrig feuchte Spur.

»Nass«, sagte Jonas und zeigte auf den Stein.

Ich versuchte abzuschätzen, wie lange die Schnecke noch bis zum Vorgarten brauchen würde.

»Gott schenkt dir diese Zeit«, hörte ich Allfried flüstern. »Und für Jonas ist es wichtig zu sehen, wie ein kleines Tier sich anstrengt, um sein Ziel zu erreichen.«

»Ja, aber …«

Da richtete der Junge sich unerwartet auf, schob seine kleine Hand in meine und erklärte wohlwollend: »Spielplatz gehen.«

Wir gingen langsam weiter, und ich überlegte, wann die Schnecke wohl ankommen würde. Auf dem Rückweg war dann nichts mehr von ihr zu sehen.

Besuch bei Tante Lina

Einmal im Monat mache ich mich zu Tante Lina auf.

Von Allfrieds Nähe merke ich nichts, wenn ich im Zug sitze. Da sind viele ganz normale Leute, Telefonierer und Nichttelefonierer, wichtige und unwichtige wie ich. Manchmal lese ich, manchmal versuche ich ein Sudoku zu lösen – aber dann kommt schon der Umsteigebahnhof und es wird spannend: Bekomme ich den Anschluss oder nicht?

Es klappt. Manchmal, so scheint es mir, hält Allfried auch einen Zug für mich an, damit ich ihn noch erreiche. Jedenfalls schaffe ich es immer, denn sonst würde sich die Fahrt kaum lohnen: Mittags schläft Tante Lina und ich muss am selben Tag zurück.

Eine Stunde vor dem Mittagessen komme ich im Heim an. Durch die Glastür des Speisesaals sehe ich Tante Lina am Tisch sitzen. Ich schaue mich nach Allfried um. Jetzt brauche ich ihn.

Es ist still im Raum. Totenstill. In ihren Stühlen sitzen oder hängen die Bewohner der Station, vor sich noch eine Tasse mit dem Frühstückskaffee oder ein Glas Wasser. Einige wenden die Köpfe, als ich eintrete, auch Tante Lina. Sie richtet ihre Augen fest auf mich, die andern sinken wieder in sich zusammen. Ich trete vorsichtig auf, als dürfte ich keinen Lärm machen.

»Tante Lina!«

Der Mann am Fenster schreit auf. Dann ist es wieder still. Tante Lina bewegt die Lippen. Sie will etwas sagen, aber es kommt nicht heraus. Auf ihrem Pullover klebt Marmelade.

»Komm, wir gehen in dein Zimmer.«

Die Frau, die neben Tante Lina am Tisch sitzt, hebt den Kopf und starrt mich mit rot geränderten Augen an. »Nein, nein, nein«, murmelt sie. »Nein.« Aber das gilt nicht uns.

Im Zimmer der Tante ist es hell und warm. Ich atme auf. Mit einem Ausdruck von Nachdenklichkeit sieht sie mich an. An der Wand hängen Fotos: ihre Eltern und Geschwister, mein Bruder und ich … Über dem Tisch tickt eine Uhr. Ich vergewissere mich mit einem Blick: 50 Minuten bis zum Essen.

Sie kennt mich, aber meinen Namen kann sie nicht sagen. Ich erzähle von meiner Fahrt hierher, der Bahn, der Verspätung: Sie sieht mich an. Sie weiß nicht, wovon ich spreche. Ich setze mich in den Sessel und schweige. Auf einmal ist es – still.

»Allfried!«

Er ist da, das weiß ich. Hier ist er ganz bestimmt.

Ich stelle ein paar Fragen, sie antwortet in vollständigen Sätzen, wie ein Kind, das gelernt hat »Danke« und »Bitte« zu sagen. Es geht ihr gut. Nein, sie hat keine Schmerzen. Ja, sie hat gut geschlafen. Aber dann verzerrt sich ihr Gesicht und ein Schwall unartikulierter Laute bricht aus ihr heraus, Wortfetzen reihen sich aneinander und immer wieder »tot … tot … tot«. Dann schweigt sie. Ich spüre Allfrieds Blick, er sieht mich aufmunternd an. Ich weiß, was er meint. Zaghaft fange ich an zu singen. Nach ein paar Zeilen stimmt sie ein, die Stimme brüchig, aber sicher in Melodie und Text.

»So nimm denn meine Hände
und führe mich,
bis an mein selig Ende
und ewiglich.

Ich kann allein nicht gehen,
nicht einen Schritt …«

Wir kennen viele Lieder, sie und ich. *»Stern, auf den ich schaue …« »Das wird allein Herrlichkeit sein …« »Ich bin durch die Welt gegangen …«* So hat ihre Mutter gesungen, so hat meine Mutter gesungen, jetzt singe ich – mit ihr.

Als es Essenszeit ist, fahren wir in den Speisesaal hinüber. Das Personal ist dankbar, wenn ich ihr beim Essen helfe.

Wir brauchen viel Zeit. Ich nehme den kleinen Löffel, sie macht den Mund nicht mehr sehr weit auf. Manchmal verschluckt sie sich.

Nachmittags singen wir weiter.

»Am Brunnen vor dem Tore …«

»Auf, du junger Wandersmann …«

Sie kennt alle Texte auswendig.

Ich lutsche eine Halstablette und schaue immer wieder auf die Uhr. Ich darf den Zug nicht verpassen. Wie langsam der Zeiger vorrückt! Aber am Ende fällt mir der Abschied schwer. Sie hat doch einmal gelächelt. Ich verspreche wiederzukommen.

Sie sagt: »Wie schön.« Tief in ihren Augen sehe ich etwas leuchten. Im nächsten Moment verzieht sich wieder das Gesicht. Ich nehme meine Tasche und gehe.

Die Türen schlagen zu, der Zug fährt ab, pünktlich. Ich fahre in die Dunkelheit hinein und schließe die Augen.

»Ich kann es nicht verstehen, Allfried.«

»Vielleicht musst du es auch gar nicht verstehen«, höre ich seine Antwort.

So ein altes Teil

Ich bin wichtig. Also muss ich immer erreichbar sein. Natürlich auch bei der Gartenarbeit. Ich stehe mit der Mistgabel am Komposthaufen, da klingelt das Telefon. Ich angle es mühsam aus der Tasche meiner Jeans und lasse es erst einmal auf den Biomüll fallen. Als ich mich endlich gemeldet habe, teilt mir eine verheißungsvoll hauchende Frauenstimme mit, dass ich zu den glücklichen Gewinnern der bekannten Lotterie zähle und nur die Nummer …

Jemand lacht hinter mir. Das kann nur Allfried sein. Wütend drehe ich mich um. Natürlich sehe ich ihn nicht, aber beschimpfen kann ich ihn trotzdem, während ich das Mobilteil von Erde und verfaulten Apfelschalen reinige.

»Du brauchst kein Telefon, ich weiß. Das ist alles albern mit den Handys und den Mobilteilen. Für Engel gibt es keine unüberwindbaren Entfernungen. Aber wann hätte ich von der Geburt des Enkelkindes erfahren? Und davon, dass meine Mutter im Sterben lag? Wäre ein reitender Bote gekommen, hätte ich nicht mehr an ihrem Sterbebett sitzen können. Das Telefon ist wichtig! Und es nützt nur dann, wenn ich es immer bei mir habe ...«

»Beruhige dich! Ich weiß doch, dass ihr Menschen euch das Leben immer einfacher und immer besser macht. Nur manchmal kommt es mir vor ...«

Ich lasse ihn nicht ausreden. Ich kann mich gut daran erinnern, wie wir unser erstes Telefon bekamen, das meine Mutter an einer langen Schnur immer hinter sich her durch die Wohnung trug. Die schwarze Strippe schlängelte sich über den Teppich, und es konnte passieren, dass jemand darüber stolperte. Dann war das Gespräch, das sie gerade führte, abrupt beendet. Immerhin war die Schnur so lang, dass ich das große schwarze Ding mit ins Bett nehmen konnte, um unter der Decke zwei Stunden lang meinem Freund die wichtigsten Ereignisse des Tages zu erzählen. Damals war das Telefon ein Geschenk Gottes …

Nun ist mein modernes Gerät mit Aufladestation und Mobilteil kaputtgegangen. Der Akku tut's nicht mehr. Mein Mann versucht, einen neuen zu besorgen.

»Für so ein altes Teil?« Der Verkäufer lacht ihn aus. »Sehen Sie mal hier: Sonderangebot. Nur …«

Altes Teil? Das Telefon ist doch höchstens zehn Jahre alt! Oder etwas mehr? Egal. Jedenfalls kann ich mich noch erinnern, dass wir mal ein anderes hatten.

Ähnlich wird es mir wohl bald mit meinem Handy gehen. Es wird geschont, denn unterwegs habe ich es nicht gern, wenn mein Telefon einstimmt in den Chor der Klingeltöne von »Hänschen klein« bis »Freude, schöner Götterfunken«. Ich möchte auch nicht die Mitreisenden aufschrecken, die in der Bahn Zeitung lesen oder sich auf ein Sudoku konzentrieren. Oft genug muss ich mir schon anhören, wie ein Chef Anweisungen gibt, welcher Auftrag zuerst ausgeführt, welche Mitarbeiterin entlassen werden, mit welchen Ausflüchten man den Kunden beruhigen soll. Noch mehr leide ich, wenn eine Beziehungskrise unter Anteilnahme eines Großraumwagens besprochen wird oder eine fürsorgliche Mutter ihr Kind fernmündlich zur Ruhe bringt: »Ja, Schatzilein, du sagst der Oma jetzt Gute Nacht und morgen hole ich dich … nein, nein, Mama ist im Zug und kommt zu ihrem Mäuschen, ja, ja, morgen früh, nein, etwas später …«

Ich möchte meinen Mitmenschen auf der Straße auch nicht zumuten, dass sie sich von hinten angesprochen fühlen, wenn ich meinem Mann mitteile, dass ich gerade die Bahn verpasst habe. Aber: Es ist praktisch, wenn ich sachlich informieren kann: »Es dauert nur noch zwanzig Minuten. Setz doch schon mal die Nudeln auf!«

Allfried lacht mich aus. Er scheint einfach kein Verständnis für das Bedürfnis nach Kommunikation zu haben. Das bringt mich auf die Idee, dass Allfried vielleicht doch ein Mann ist – wenn er auch immer so tut, als seien Engel weder männlich noch weiblich. Jedenfalls findet er es albern, dass ich dieses schwarze Gerät immer mit mir herumtrage. Aber ich bin dankbar, wenn ich eine Textnachricht von meiner Tochter lese: »Bin gut angekommen.«

Inzwischen ist das geschonte Mobiltelefon der zweiten Generation, mit dem man weder Fotos machen noch Fahrkarten kaufen kann, auch schon in die Jahre gekommen. Und der Internetanschluss ... ja, der ist doch überhaupt nicht mehr zeitgemäß. Ohne DSL geht gar nichts. Beim Herunterladen der schönsten E-Cards zum Geburtstag mit den tanzenden Mäusen, die ein Lied singen, bricht er fast zusammen. Da muss »aufgerüstet« werden.

»Was habt ihr denn für einen Fernseher?«, fragen unbedarfte Besucher, wenn sie ihn denn zu Gesicht bekommen (wir haben ihn im ehemaligen Kinderzimmer versteckt). »Habt ihr keinen Flachbildschirm?«

»Ich meine ja nur«, sagt Allfried, als ich wieder einmal stundenlang vor dem Computer sitze, der sich mit ungeheuren Datenmengen abmüht, »der technische Fortschritt eröffnet euch großartige Möglichkeiten, aber er nimmt euch auch eine

Menge Freiheit. Was könntest du in der Zeit, die du hier sitzt, alles machen!«

»Und? Was soll ich tun?«

»Vernünftig damit umgehen.«

»Was bedeutet das? Sag es mir doch bitte! Ständig schließe ich Kompromisse. Der Kontakt zu anderen Menschen ist mir wichtig. Bin ich deshalb ein Sklave des Fortschritts? Über die Kontinente hinweg erfahren wir, wie es unseren Freunden geht. Das schenkt Nähe und fördert Vertrauen. Aber andere ergötzen sich an Porno und Gewalt, kennen die von Gott geschaffene Welt nicht mehr, weil sie sich eine eigene Welt schaffen, sein wollen wie Gott. Ist das Internet ein Geschenk oder ein Fluch?«

Allfried schweigt ungewöhnlich lange. Es kommt mir vor, als könne er mich verstehen. Schließlich seufzt er tief.

»Früher war es auch für uns Engel leichter«, sagt er. »Gut und böse ließen sich besser unterscheiden. Ihr Menschen habt so ungeheuer viele Möglichkeiten entwickelt, dass wir uns kaum mehr zurechtfinden. Aber ich denke, das oberste Gebot Jesu bleibt die Richtschnur. Einer von euren klugen Theologen hat es vor Jahrhunderten so formuliert: ›Liebe und dann tu, was du willst!‹

Das heißt doch auch: Telefoniere, wenn es für dich oder einen anderen Menschen wichtig ist. Geh ins Internet, wenn jemand auf eine Nachricht von dir wartet. Nutze dazu die Möglichkeiten, die sich dir bieten. Aber meine nicht, alles ausprobieren zu müssen. Erhalte dir die Freiheit, darüber zu entscheiden, wann und wie du die Technik nutzt. Da gibt es welche, die wollen dich unter ihr Diktat zwingen. Du musst dich behaupten!«

So eine lange Rede habe ich von Allfried selten gehört. Und ich verstehe, dass ich mir den Weg durch den Dschungel der unbegrenzten Möglichkeiten noch suchen muss.

Ein Pullover oder zwei?

Nehme ich den dicken Pullover mit? Wie wird denn wohl das Wetter? Vielleicht brauche ich nur T-Shirts. Aber abends wird es oft kühl. Und die helle Hose ist viel zu empfindlich. Aber ich will auch nicht immer nur in Jeans herumlaufen. Den Rock nehme ich sicher wieder umsonst mit. Na ja, er braucht nicht viel Platz. Hilfe, der Koffer ist schon fast voll!«

Während ich zwischen Kleiderschrank und offenem Reisekoffer hin- und herrenne, spüre ich ganz deutlich, dass Allfried mit gekreuzten Armen gelassen an der Wand lehnt. Kein Verständnis für meine langsam wachsende Verzweiflung. Ist ja auch klar: Engel brauchen keine Koffer!

»Allfried, verstehst du denn nicht, wie schwierig das ist, die richtigen Sachen einzupacken? Noch dazu bei dem ständig wechselnden Wetter. Wenn ich nach Afrika führe, wäre es einfacher, aber diesmal geht es in den Norden. Du solltest mir mal einen guten Rat geben! Brauche ich einen oder vielleicht sogar zwei Pullover?«

Es gibt immer wieder Probleme, die Allfried einfach nicht ernst nimmt.

»Du hast ja recht. Warum müssen wir auch verreisen? Zu Hause geht es uns doch gut. Und am besten schlafe ich in meinem eigenen Bett. Wie wird das überhaupt werden? Erst im Hotel, dann auf dem Schiff, immer auspacken und einpacken. Diese schrecklichen Betten, die es da gibt. Und mein Koffer wird viel zu schwer. Der Bahnhof, an dem wir umsteigen müssen, gehört auch zu denen, die von der Bahn erst in den nächsten fünfzig Jahren umgebaut werden. Ich weiß gar nicht, ob es überhaupt einen Fahrstuhl gibt. Und wir haben so wenig Zeit. Sicher verpassen wir den Zug, dann ist die Reservierung weg ...«

»Hast du sonst noch Probleme?«, höre ich vom Fenster her. Ich wusste es ja. Da kann ich noch so viel jammern, es erschüttert meinen Engel überhaupt nicht. Und ich ahne auch schon, was jetzt kommt.

»Wer zwingt dich denn zu verreisen?«

»Niemand, Allfried, ich weiß! Und gleich wirst du mir erzählen, wie viele Menschen es gibt, die furchtbar gern eine solche Reise machen würden und es sich nicht leisten können.«

»Ja, die gibt es.«

»Das hilft mir bloß im Augenblick gar nicht. Ich bin abgehetzt und gestresst und ...«

»Ich gebe zu, die Reise vorzubereiten macht eine Menge Arbeit. Aber wozu machst du dir die ganze Mühe? Ich denke, du erwartest sehr viel: Begegnungen, neue Eindrücke, Entspannung. Du hast die große Chance, dich selbst und dein Leben einmal wieder aus einer anderen Perspektive zu sehen. Lohnt es sich nicht, dass du dich dafür ein wenig anstrengst?«

Ich sehe aus dem Fenster, in die Richtung, aus der Allfrieds Stimme kommt. Ich sehe die Wolken, die vorüberziehen, und die Vögel am blauen Himmel. Eine andere Perspektive, ja, das ist's, was ich suche und worauf ich mich freue.

»Also einen dicken Pullover und ein paar T-Shirts. Wenn ich nicht jeden Tag wie aus dem Ei gepellt aussehe, macht das nichts. Aber ich muss unbedingt noch Staub wischen. Was soll die Nachbarin sonst denken, wenn sie zum Blumengießen hereinkommt!«

»So kann man sich auch unter Druck setzen«, meint Allfried kopfschüttelnd.

»Das verstehst du nicht.«

Ich klappe den Koffer zu und renne in die Küche.

Als ich zurückkomme und auf die Uhr sehe, stelle ich fest: Ich liege gut in der Zeit. In einer Stunde wollen wir aufbrechen. Also setze ich mich und ordne noch ein wenig meine Papiere. Allfried ist in der Nähe, irgendwo.

»Allfried, kommst du mit?«

»Nein, ich bin dein Alltagsengel.«

Ich erschrecke. »Aber wir können doch nicht ohne Engel verreisen.«

»Nein, ihr verreist auch nicht ohne Engel. Da kannst du ganz ruhig sein. Aber ich bleibe hier und erwarte dich.«

»Schön, dass du mich erwartest«, sage ich.

Und irgendwie macht der Gedanke mich froh, dass Allfried in meinem Zimmer bleibt, während ich in der Welt herumreise.

Als wir vierzehn Tage später zurückkommen, sitzt er an meinem Schreibtisch.

»Da bin ich wieder.«

»Und? War der Koffer zu schwer? Habt ihr den Zug verpasst? Konntest du in den fremden Betten schlafen? Hattest du die richtigen Sachen mit?«

»Es war wundervoll.«

»So, so.« Jetzt schmunzelt er. Ich weiß es genau.

»Koffer – Zug – Betten – alles völlig unwichtig. Wir haben gut geschlafen, weil die Tage angefüllt waren mit Eindrücken und Erlebnissen. Auf dem Wasser lag so viel Licht, die schneebedeckten Gipfel spiegelten sich in blauen Seen und in den Wäldern sangen die Bäche. Wir saßen mit Freunden hoch über dem Tal und sahen die Sonne untergehen, wir haben gesungen ...«

»Das alles hättest du nicht gehabt, wenn du nicht deinen Koffer gepackt hättest.«

»Ja, Allfried, ich weiß. Und ich musste mich auch anstrengen, die Treppen herauf und herunter. Du weißt ja – die Bahn. Aber es ging. Und wir haben auch keinen Zug verpasst.«

»Na, dann ...«

Er macht mir Platz an meinem Schreibtisch. Ich setze mich. Der Koffer ist noch nicht ausgepackt, die Post stapelt sich, der Berg Wäsche wird mich eine Weile beschäftigen. Ein erster Blick in den Garten macht deutlich: Da ist viel gewachsen. Vor allem viel Unkraut.

Aber das alles erschüttert mich nicht.

»Allfried, wenn ich wieder meinen Koffer packen muss, dann erinnere mich daran, wie viel Sonne auf dem Meer leuchtete!«

»Ich werde dich daran erinnern. Trotzdem solltest du jetzt vielleicht die Post durchsehen.«

Er hat schon wieder recht. Da ist ein Brief, der dringend beantwortet werden muss. Und die kranke Freundin wartet auf meinen Anruf.

»Ich werde alles tun, was getan werden muss, Allfried. Wer so viel Schönes gesehen hat wie ich, der hat Kraft. Hilf mir dazu, dass ich sie nicht für Unnützes vergeude. Sonst muss ich ja bald wieder verreisen. Und du kennst das Problem: Ich weiß nie, was ich mitnehmen soll.«

Ausnahmsweise – und das hätte ich eigentlich im Kalender schriftlich festhalten sollen – *ausnahmsweise* stimmt Allfried mir diesmal zu.

Der kleine Holzengel

Das ist der Trend, dem sich niemand entziehen kann: Wegwerfen! Ballast abwerfen! Aufräumen! Wir sind eine Generation, die nicht ausgebombt wurde, nicht vertrieben wurde. Wir konnten alles aufheben: die alten Schulhefte und die Milchzähne der Kinder. Aber es wird zu viel. Schränke, Regale, Keller und Boden sind voll. Wir müssen aufräumen.

Also sitze ich vor einem Pappkarton, in dem sich so manches angesammelt hat. So manches! Da ist zum Beispiel der Engel.

Er sieht nicht so aus wie Allfried. Es ist kein Alltagsengel, sondern ein süßes blondes Engelchen im blauen Kleid, das sich nach unten bauscht, eine Laubsägearbeit, die kleinen Hände ganz fein gearbeitet. Sie tragen ein Licht, das nun schon halb abgebrochen ist. Auch die Farben sind blass geworden. Es gibt wahrlich schönere Engel!

»Allfried, kennst du den?«

Ich erwarte keine Antwort auf diese Frage. Wie sollte mein Alltagsengel dieses kleine Ding kennen? Er trägt ganz bestimmt kein blaues Kleid, das sich um die nackten Füße bauscht. Ich stelle ihn mir eher in Jeans vor, die Hände in den Hosentaschen und ohne blonde Locken, denn die würden ihn nur stören, schließlich ist er ständig mit mir unterwegs.

Aber die Antwort kommt sehr klar aus der Zimmerecke, in der es schon ein wenig dunkel wird. Es ist ja Herbst, die Tage werden kürzer.

Allfried sagt: »Ja, ich kenne ihn.«

Neben mir steht ein zweiter Karton. Da kommt alles hinein, was ich nun endlich wegwerfen will: ein kaputtes Portemonnaie aus meiner Mädchenzeit, der alte Wecker, der mich so oft zur Unzeit weckte, vergilbte Briefe. Eigentlich wollte ich nun den kleinen Engel auch in dieser Kiste versenken, aber irgendwie geht das nicht mehr.

»Wieso kennst du ihn, Allfried? Den hat doch meine Tante für mich gemacht, als ich noch ganz klein war.«

»Ich weiß.«

»Damals gab es noch nicht die Läden voller Goldhaarengel aus Fernost. Damals hatten wir zu Weihnachten ein paar selbst gebastelte Transparente am Fenster stehen, ja, und den Engel. Aber wie sieht das aus, wenn ich ihn jetzt ans Fenster stelle? All die schönen Lichter drum herum …«

»Ich dachte immer, es käme auf etwas anderes

an als auf das Glitzern und ›Ich habe die neueste Weihnachtsbeleuchtung!‹«

»Ja, natürlich, Allfried. Nur – der Engel sieht einfach ein bisschen schäbig aus. Und kitschig. Und er ist uralt. Willst du dich wirklich für ihn stark machen, nur weil er ein Engel ist?«

»Er ist ein Bote.«

Na ja, das habe ich auch schon gewusst, dass Engel Boten sind. Aber ist die Botschaft nicht viel zu groß und schwer für so einen kleinen dummen Holzengel? Ich komme mir sehr aufgeklärt und vernünftig vor und bin schon dabei, das Engelchen in die Abfallkiste zu werfen. Aber aus irgendeinem Grund halte ich inne.

»Weißt du denn eigentlich, woher dieser Engel kommt?«

Allfried lässt nicht locker. Sollte nicht gerade er meine fortschrittlichen Ansichten über Engel unterstützen?

»Natürlich weiß ich es. Meine Tante Johanna, die Diakonisse, hat ihn ausgesägt, bemalt und mir zu Weihnachten geschenkt. Das war in den Jahren, in denen es noch nicht viele Geschenke gab.«

»Ja, und wo lebte deine Tante?«

Diese Verhöre mag ich gar nicht. Allfried weiß alles, aber immer will er, dass ich es selbst sage.

»Warum fragst du mich? Ich weiß doch, dass sie in Holland lebte, damals nach dem Krieg. In einem Ort, in dem während der deutschen Besatzung an einem Tag alle Männer erschossen wurden. Alle. Und dann ein paar Jahre später – sie als deutsche Schwester, die sich um Alte und Kinder kümmern sollte. Sie hatte es sehr schwer. Ich erinnere mich, Allfried, und jetzt fällt mir auch wieder ein, wie einsam sie war. Wie sie klagte über das Misstrauen und die offene Ablehnung. In der Zeit hat sie den Engel ausgesägt, den kleinen, schwachen Engel mit den blonden Locken und dem Licht in den Händen, das er so tapfer hält.«

Tante Johanna ist längst gestorben. Ich hocke im langsam dunkelnden Zimmer, den Engel in der Hand, bis mein Mann hereinkommt. »Warum sitzt du im Finstern?«

»Ach, ich habe … ich bin …«

Die Deckenlampe leuchtet auf. Ich stelle fest, dass es Zeit ist, Abendbrot zu essen. Aber vorher muss ich noch mit Allfried reden.

»Danke! Ich hätte ihn jetzt weggeworfen. Alle sagen, dass wir viel mehr wegwerfen müssen. Aufräumen. Platz schaffen für Neues. Und dabei werden wir vergesslich. Als wir im Sommer durch Holland gefahren sind, habe ich gar nicht mehr daran gedacht, wie schwer es war, neu anzufangen nach dem Krieg. Der kleine Engel hat mich daran erinnert. Du hast recht: Er ist ein Bote.«

Im Abfallkarton ist noch viel Platz. Ich stelle ihn beiseite. Und der Engel wird zu Weihnachten am Fenster stehen. Eigentlich ist er doch noch ganz hübsch – für sein Alter!

Ein Blüten-Frühlings-Abend

Wir saßen im Garten. Ich badete in Sonne und Blüten. Leuchtendes Grün in den zarten Farben des Frühlings zwischen dunklen Nadelbäumen. Alles war von Licht durchglüht. In der Wärme erwachte das Leben mit leisem Summen. Am Apfelbaum sprangen die Knospen auf.

Als mein Mann ins Haus ging, um uns noch eine Flasche Wein zu öffnen, sah ich mich nach Allfried um. Das Licht der langsam sinkenden Sonne ließ den Strauch an der Terrasse aufleuchten.

»Allfried, es ist so schön.«

»Ja.«

»Und die Kinder waren da. Es geht ihnen gut. Unser kleinster Enkel lacht so herzlich. Allfried, ich freue mich so.«

»Ja und?«

Es musste wohl etwas in meiner Stimme sein, das ihn stutzig machte.

»Nur ... wenn ich daran denke, was heute früh in der Zeitung stand, dann ... dann frage ich mich, ob ich mich überhaupt freuen darf.«

Mein Mann kam zurück. Wir tranken ein Glas Wein und sahen schweigend in den dämmernden Garten. Die Pfingstrosen färbten sich immer tiefer rot, je mehr das Beet im Schatten versank. Oben im Baum schmetterte eine Amsel ihr Lied.

Tiefe Ruhe breitete sich in den Gärten aus.

»Da habe ich von einem Kind gelesen, Allfried, das war so alt wie unser Kleinster. Und der eigene Vater hat es ... hat es zu Tode geprügelt. Darf ich mich da freuen?«

Allfried antwortete nicht gleich. Meine Gedanken wanderten weiter.

»Und dann der Krieg, du weißt schon. Die Bilder vorhin im Fernsehen. Sinnloses brutales Morden. Menschen flüchten sich in eine Kirche, flüchten sich zu Gott – und werden verbrannt. Warum, Allfried? Warum?«

Er antwortete nicht, er ließ mich allein mit meinen Gedanken, die über unsere von so viel Wunden zerrissene Erde wanderten. Meine Freude – und all das Leid: Wie kann ein Mensch das zusammenbringen?

»Ich weiß auch keine Antwort«, hörte ich ihn plötzlich sagen. »Aber anders als ihr Menschen fragen wir Gott nicht, sondern erfüllen unseren Auftrag.«

»Darf ich denn nicht fragen?«

»Doch, das darfst du.« Allfried sprach sehr ruhig und sachlich. Ich spürte dankbar, dass er mich ernst nahm.

»Wer Gott liebt, darf ihn auch fragen. Er darf klagen. Er darf auch anklagen. Denk daran, wie Hiob aufbegehrte gegen sein Schicksal. Und Gott gab ihm Antwort. Nur … ob die Antwort in eure Menschenhirne passt, das bezweifle ich.«

Ich hob mein Glas und trank Allfried zu, obwohl ich nicht genau wusste, wo er steckte.

»Damit sollen wir uns nun zufriedengeben! Aber es tröstet mich, dass du auch nicht klüger bist.« Eine Weile sann ich einem alten Gedicht nach:

»Süßer Friede, süßer Friede,
komm, ach komm in meine Brust.«

Dann erinnerte ich Allfried daran, dass er mir meine Frage noch nicht beantwortet hatte.

»Darf ich mich denn an diesem Blüten-Frühlings-Abend dennoch freuen?«

Es war wieder eine Weile still. Um mich herum schien alles den Atem anzuhalten: Die Käfer blieben stehen, das Rascheln der Mäuse setzte aus und selbst die Amsel schwieg für einen kurzen Augenblick.

»Ja, du darfst dich freuen. Wir brauchen deine Freude, wie wir das Lachen der Kinder brauchen. Was sollte denn sonst werden aus unserer Welt …?«

Ich hörte sehr wohl, dass er sagte: »unserer Welt«. Es tröstete mich, obwohl sich dadurch, oberflächlich betrachtet, nichts änderte. Aber wenn Allfried, wenn alle Boten Gottes, wenn Gott selbst Anteil nahm an dieser Welt, dann war doch immer noch Hoffnung!

Leise, sehr leise fügte Allfried noch hinzu: »Wir Engel stehen ununterbrochen an der großen Waage und füllen die Schale der Freude, damit die

Last auf der anderen Seite nicht alles Leben zerstört.« Seine Stimme verklang im Abendlied der Amsel.